까칠한 도하 씨의 만년 일력

매일매일
열심히
사는 건
거부한다

도하

까칠한 도하 씨의 만년 일력

매일매일
열심히
사는 건
거부한다

도하

버킷
13

매일매일 열심히 사는 건 거부한다

1판 1쇄 발행 2025년 11월 11일

지은이 도하
펴낸이 양승윤

펴낸곳 (주)와이엘씨
출판등록 1987년 12월 8일 제1987-000005호
주소 서울특별시 강남구 강남대로 354 혜천빌딩 15층 (우)06242
전화 02-555-3200
팩스 02-552-0436
홈페이지 www.ylc21.co.kr

ⓒ2025 도하
ISBN 978-89-8401-861-7 00810

* 모베리는 다양하고 창의적인 생각과 세상의 모든 이야기를 담은
  (주)와이엘씨의 출판 브랜드입니다.

매일매일
열심히
사는 건
거부한다

7~12월

JUNE 29

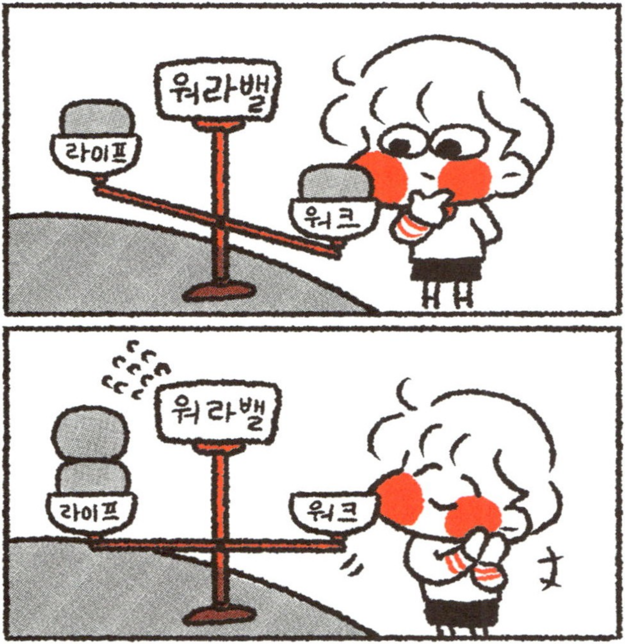

바닥난 체력 좀 교환해 주면 좋겠다.

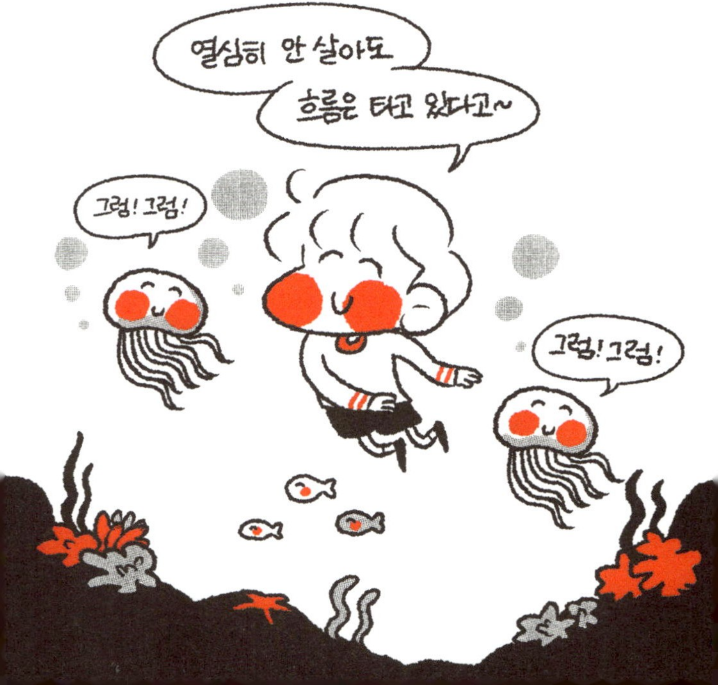
열심히 안 살아도
흐름은 타고 있다고~
그렇! 그럼!
그럼! 그럼!

발등튀김

(명사)

발등에 불이 자주 떨어져서 그냥 튀김이 된 상태

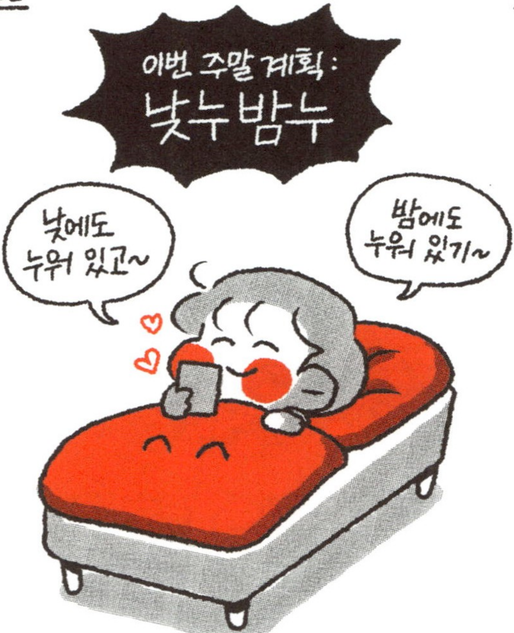
이번 주말 계획 :
낮누밤누
낮에도 누워 있고~
밤에도 누워 있기~

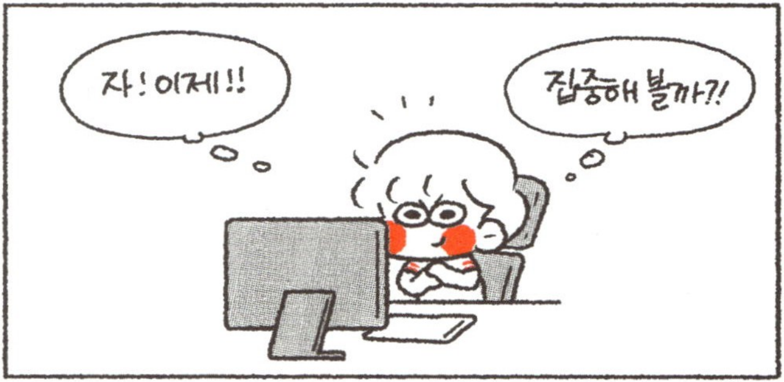
자! 이제!!
집중해 볼까?!

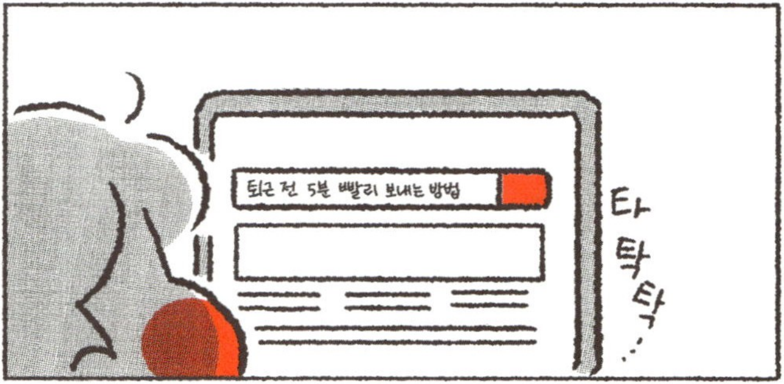
퇴근 전 5분 빨리 보내는 방법
타
탁
탁...

오늘부터 진짜 달라집니다

...라고

6개월째 얘기 중

JULY 12

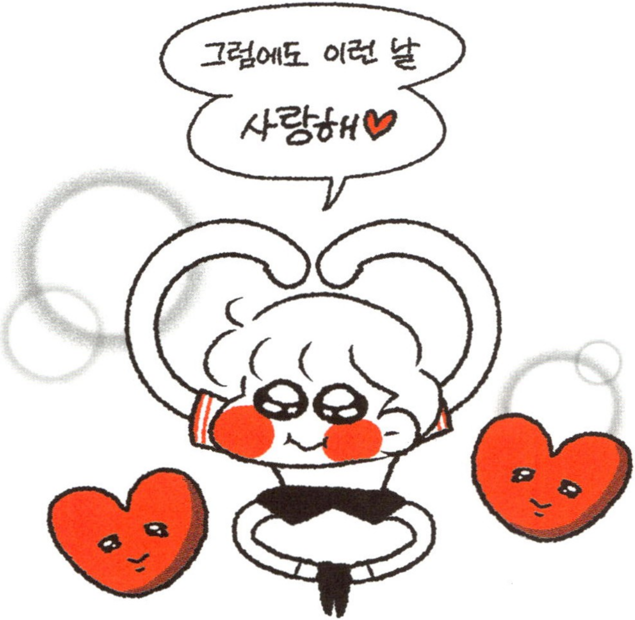

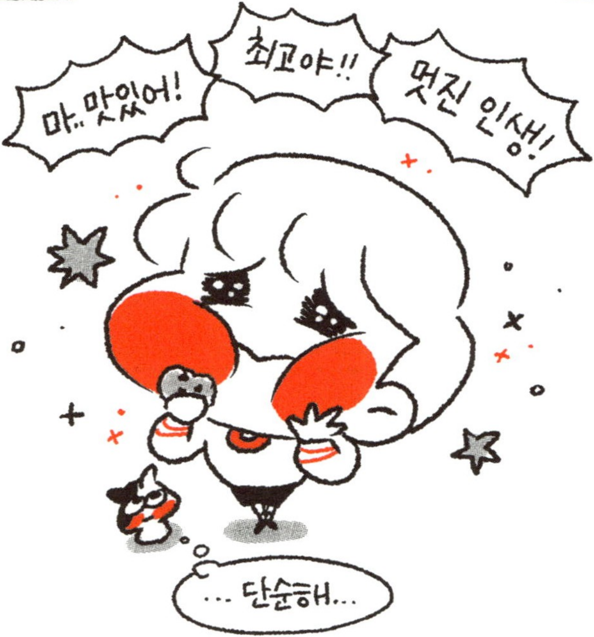

마.. 맛있어!
최고야!!
멋진 인생!
... 단순해...

바쁘다, 바빠

현대 사회.

JULY 22

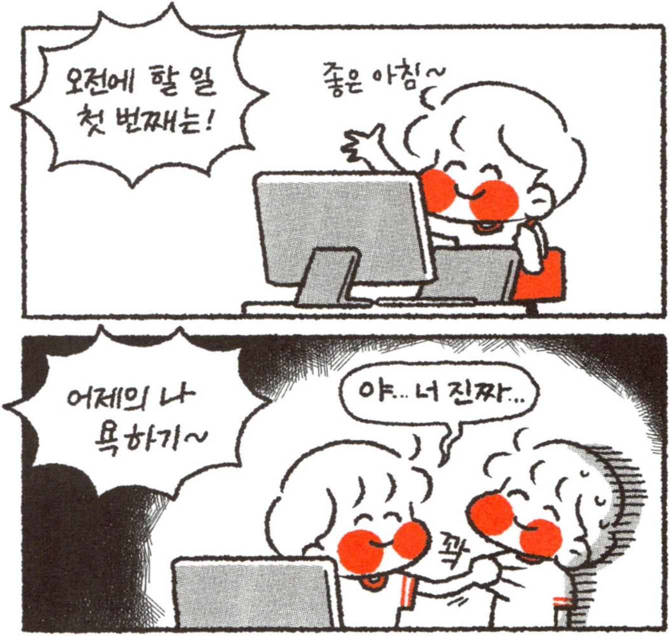

JUNE 08

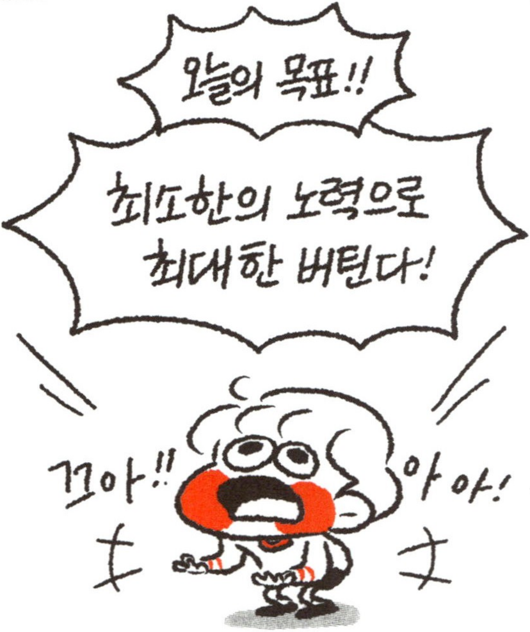

현충일

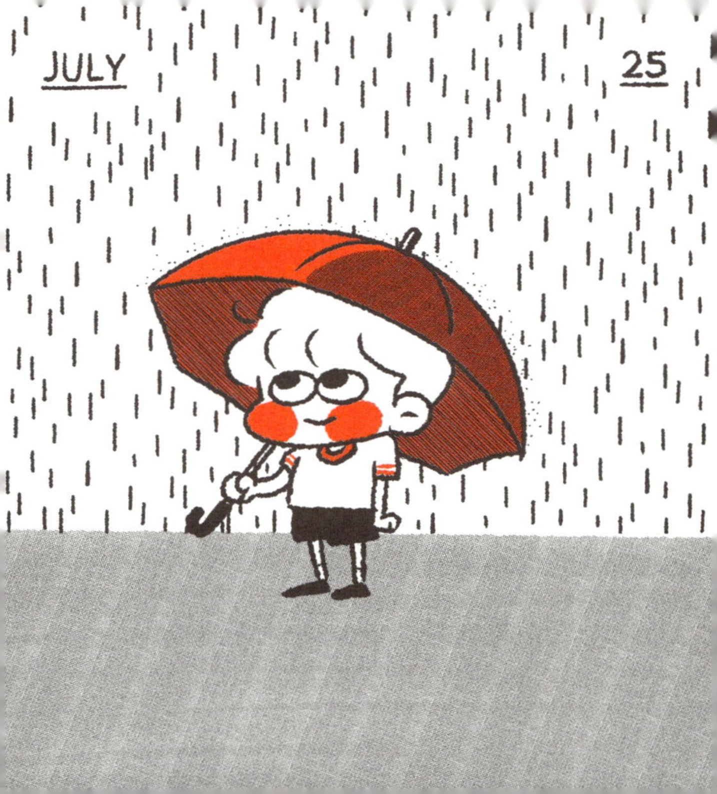
JULY
25

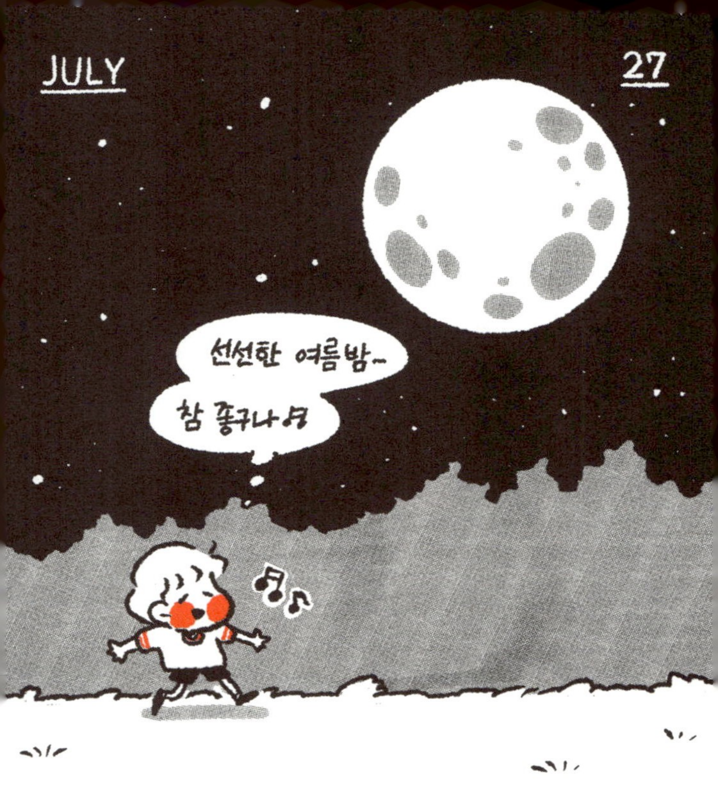
JULY
27
선선한 여름밤~
참 좋구나♫

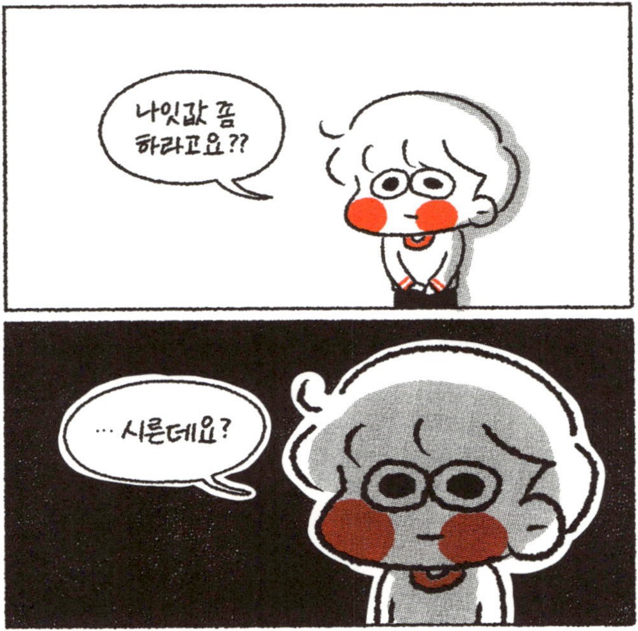
나잇값 좀
하라고요??
… 시른데요?

설늙은-이

[설ː릉그니] 명사

1. 나이는 그다지 많지 않지만 기질이 노쇠한 사람.

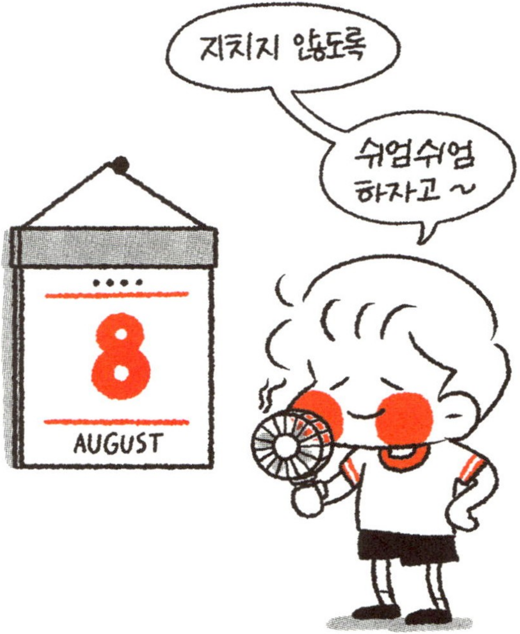
지치지 않도록
쉬엄쉬엄 하자고 ~
8
AUGUST

더운 날에는 계속 이 상태다.

오늘도 불태워 보자!

저는 지금
여름휴가 중

...이고 싶어요.

알람을 박수 소리로 바꾼 근황

AUGUST 04

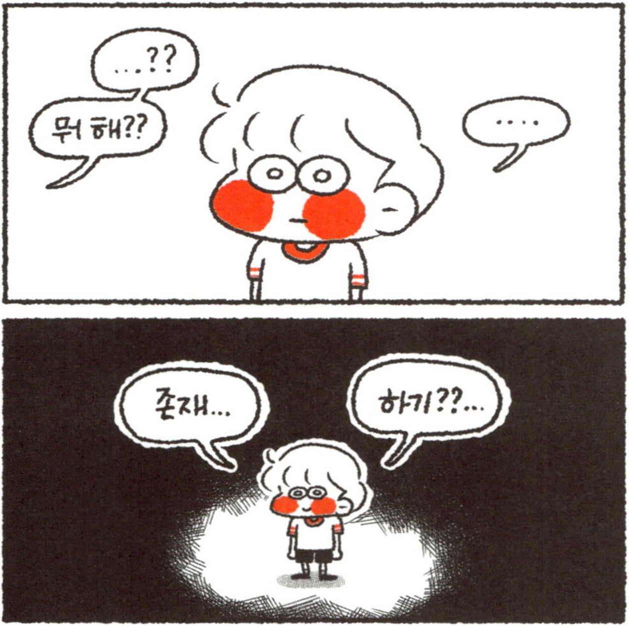

AUGUST 05

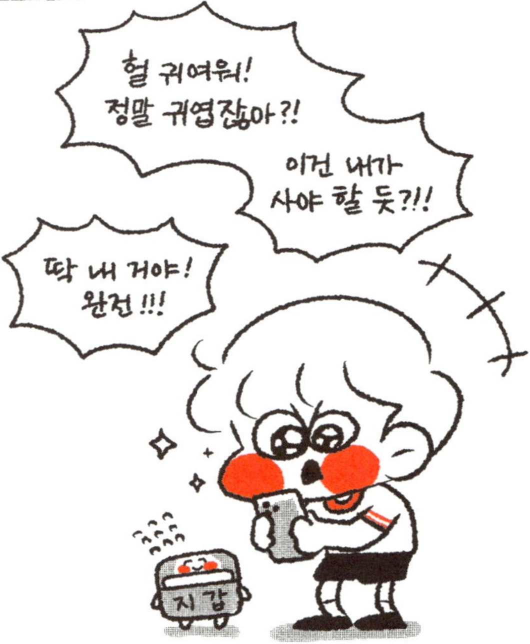

재밌지 않으면 재있는 척하고 살기.

광복절

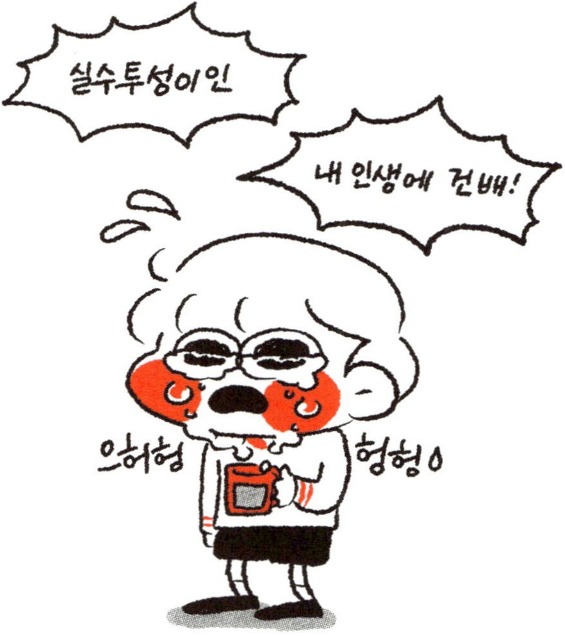
실수투성이인
내 인생에 건배!
으허헝
헝헝

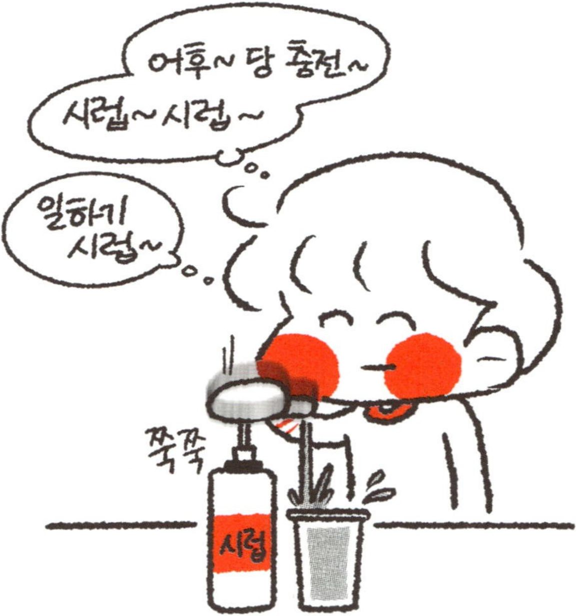
어후~ 당 충전~
시럽~ 시럽~
일하기 시럽~
쭉쭉
시럽

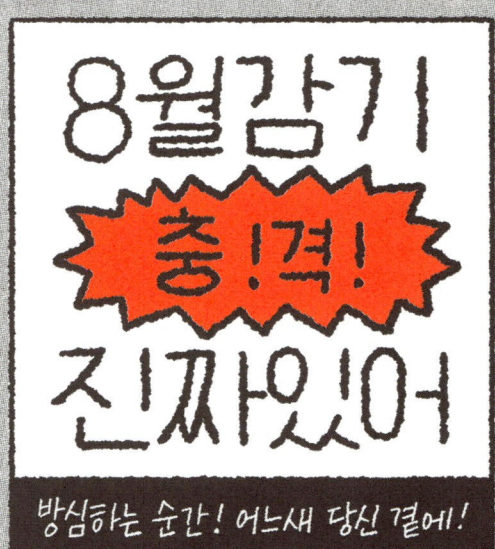

8월감기
충!격!
진짜있어

방심하는 순간! 어느새 당신 곁에!

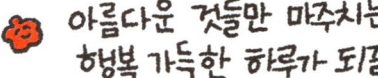

오늘은 맛있는 음식만 먹고
좋은 말만 듣고
아름다운 것들만 마주치는
행복 가득한 하루가 되길

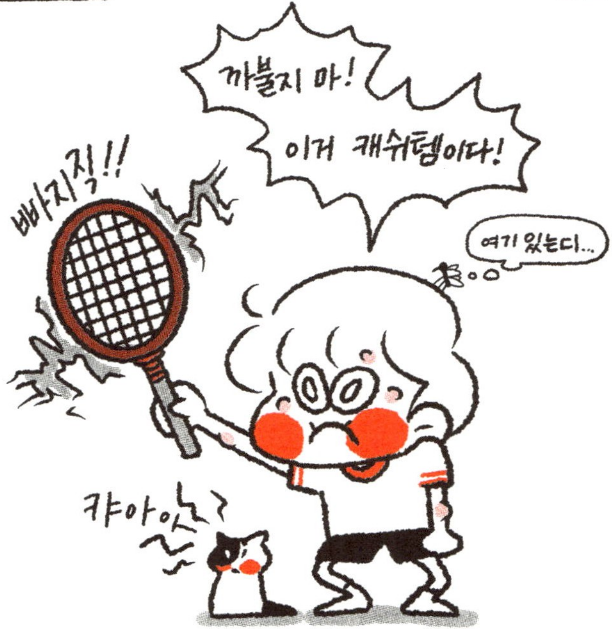
까불지 마!
이거 캐쉬템이다!
빠지직!!
여기 있는디...
캬아앗?

어린이날

AUGUST 26

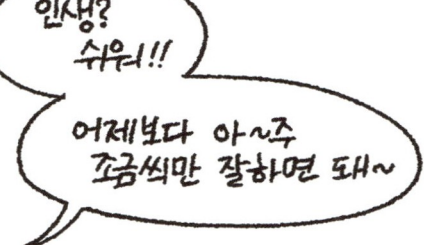

✦알아 두면 쓸데 있는 인간 잡학사전✦

인간은 일을 하면 포악해진다.

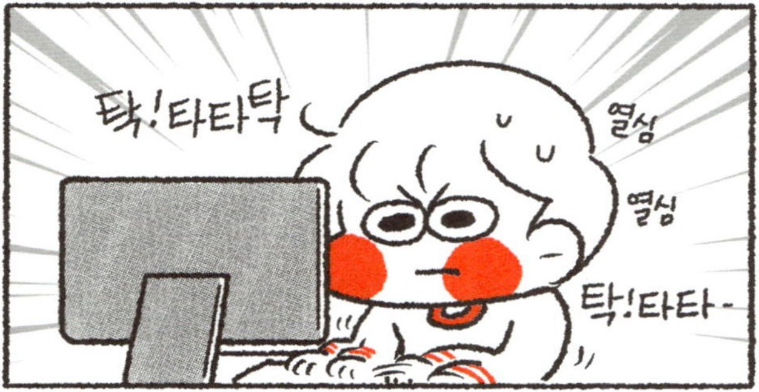
탁!타타탁
열심
열심
탁!타타-

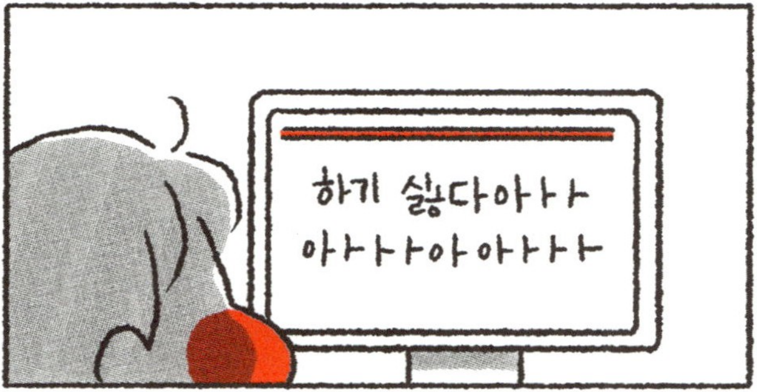
하기 싫다아ㅏㅏ
아ㅏㅏㅏ아아아ㅏㅏㅏ

모든 일의 근원은

어리바리하지만
귀여운 나다!

자몽-하다

[형용사] 졸릴 때처럼 정신이 흐릿한 상태이다.

좌우명

그럴 수도
있지, 뭐.

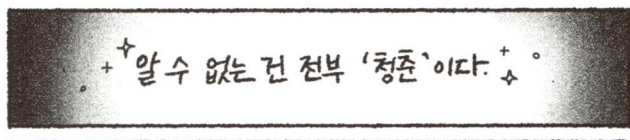

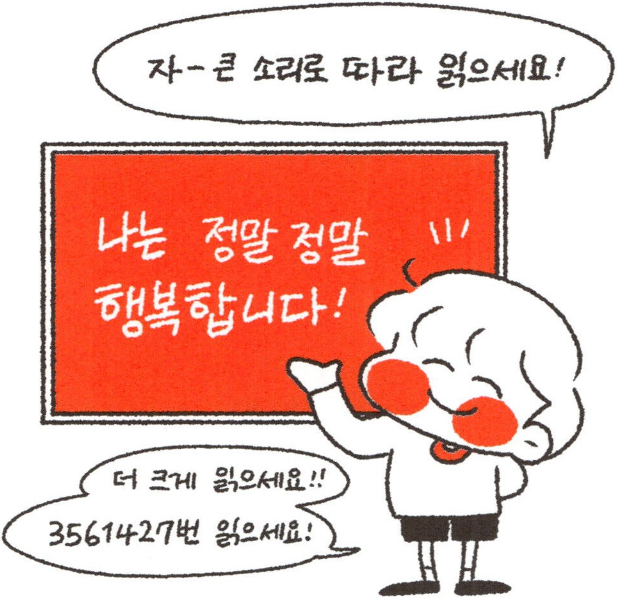
자-큰 소리로 따라 읽으세요!
나는 정말 정말
행복합니다!
더 크게 읽으세요!!
3561427번 읽으세요!

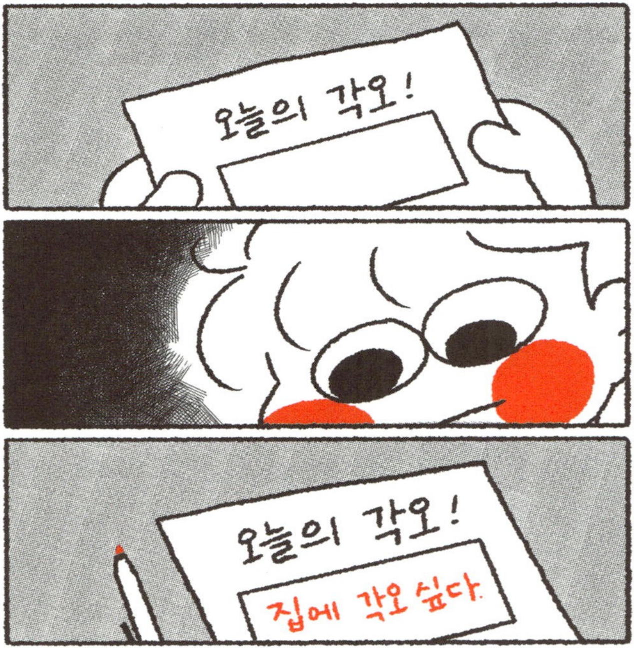
오늘의 각오!
오늘의 각오!
집에 가고 싶다.

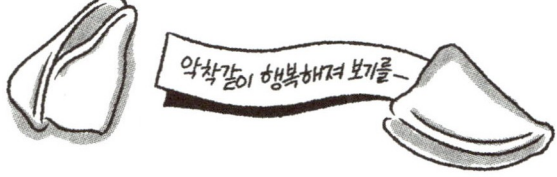

개천절

MARCH 24

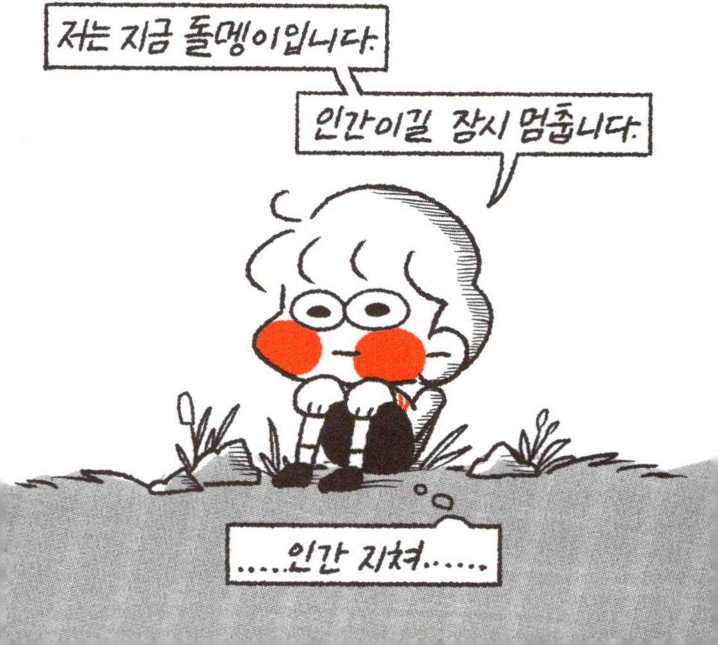

한글날

OCTOBER 13

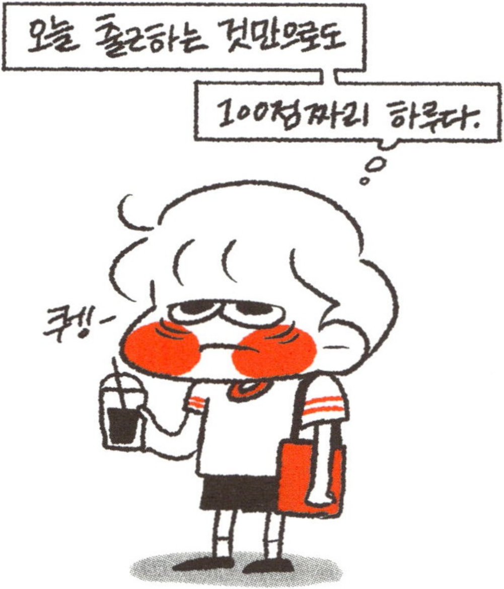

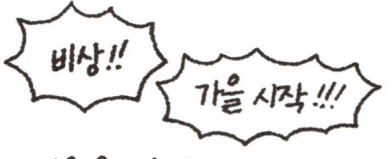

가을 옷 미친 듯이 달린다...
입을 수 있는 시간 얼마 없음!!

HELLO, I'M

JUST VIBING!

울면 안돼… 나.. 난…
얼은 …이니까 …

일이 마음대로 안 될 때 마법의 대사 :

남은 한 해,
계획적으로 살기 1일차.

오 ❖ 늘 ❖ 은

휴가중

이고 싶은 사람

입니다!

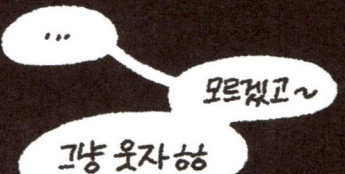

갖고 싶지만 쓸데없는 것을 사면 돈이 없어져…

히잉…

하지만 안 사도 돈은 없어져!!!

황!당!

그럼 돈이 없어지기 전에 빨리 사자!!

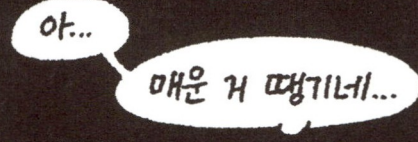

내가 매일 굳게 믿는 것 : 내일의 나

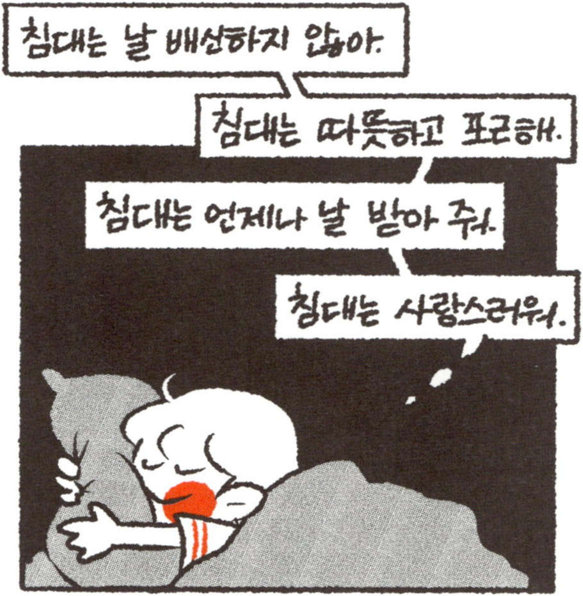
침대는 날 배신하지 않아.
침대는 따뜻하고 포근해.
침대는 언제나 날 받아 줘.
침대는 사랑스러워.

심심할 때는 먹킷 리스트를
써보면 시간이 빨리 감.

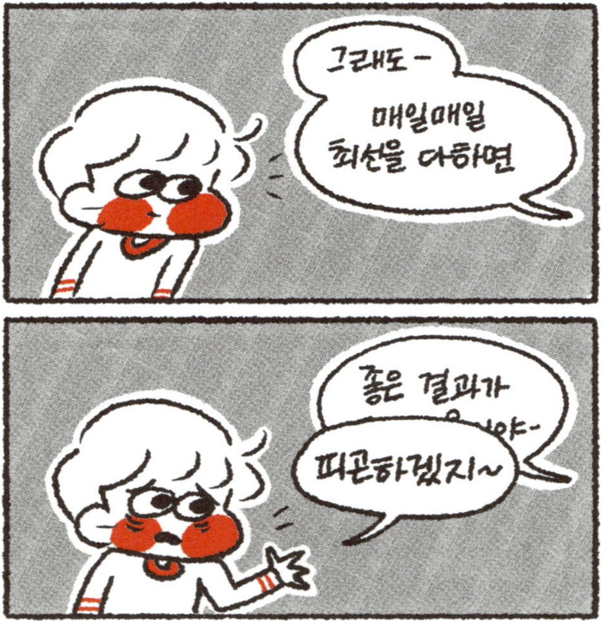
그래도 -
매일매일 최선을 다하면
좋은 결과가
피곤하겠지~

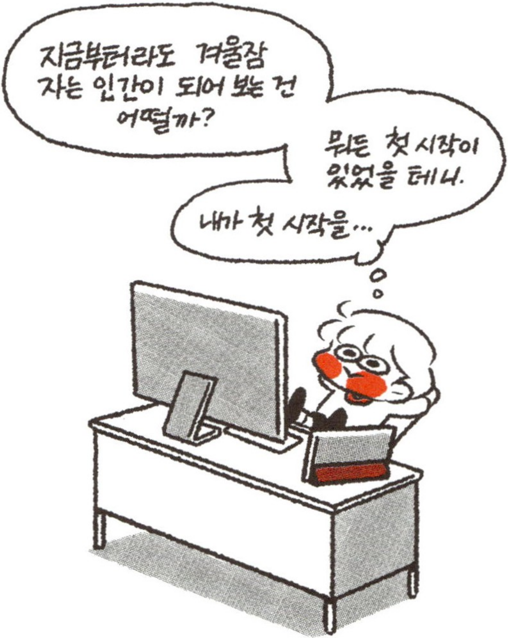
지금부터라도 겨울잠
자는 인간이 되어 보는 건
어떨까?
뭐든 첫 시작이
있었을 테니.
내가 첫 시작을…

인생 꿀팁

가끔은 대충 넘어가도 괜찮늉다!
생각보다 큰일나지 않음!

아니. 그렇다고 그림을
대충 그리면 어떡해...

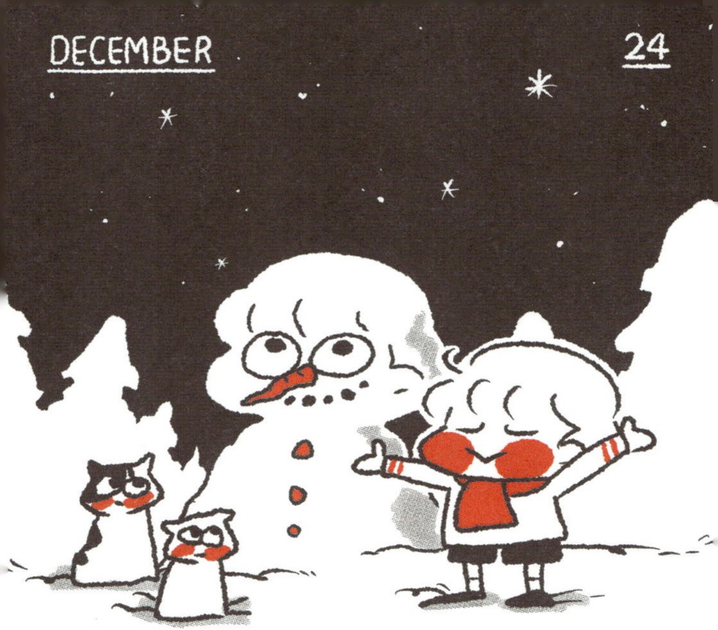
DECEMBER
24

DECEMBER 25

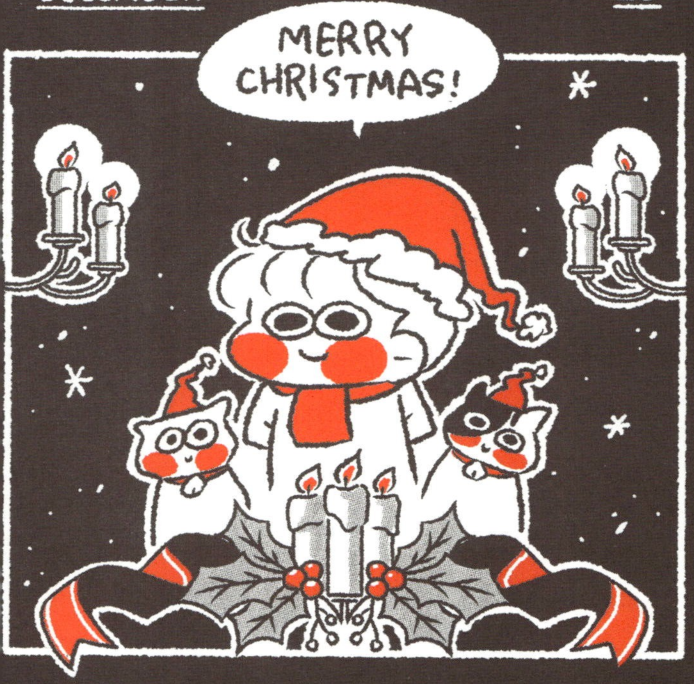

매일매일
열심히
사는 건
거부한다

1~6월

의 좌우명

_____

*내 이름과 좌우명을 적어 보세요.